PAIDEIA
ÉDUCATION

ALFRED DE MUSSET

On ne badine pas avec l'amour

Analyse littéraire

© Paideia éducation.

22 rue Gabrielle Josserand - 93500 Pantin.

ISBN 978-2-7593-0382-3

Dépôt légal : Juin 2023

Impression Books on Demand GmbH

In de Tarpen 42

22848 Norderstedt, Allemagne

SOMMAIRE

- Biographie de Alfred de Musset.................................. 9

- Présentation de *On ne badine pas avec l'amour*......... 15

- Résumé de la pièce... 19

- Les raisons du succès... 27

- Les thèmes principaux.. 33

- Étude du mouvement littéraire................................... 39

- Dans la même collection.. 45

BIOGRAPHIE DE ALFRED DE MUSSET

Alfred de Musset naît en décembre 1810, au sein d'une famille aristocratique cultivée ; son grand-père avait le goût de la poésie tandis que son père était un spécialiste de Rousseau. C'est donc dans un climat favorable au développement intellectuel et à l'épanouissement d'une sensibilité littéraire qu'il grandit. Il est un enfant précoce, vif, intelligent et extrêmement brillant. Il fait sa scolarité avec succès au collège Henri IV, qu'il intègre très tôt, et obtient son baccalauréat en 1827. Il affiche rapidement un goût prononcé pour les lettres et l'écriture, mais il entame pourtant des études de droit, puis de médecine auxquelles il finira par renoncer. Son inclination littéraire l'amène à fréquenter le fameux « Cénacle », salon réputé où les figures les plus éminentes du romantisme se rassemblent autour de Charles Nodier et de Victor Hugo. Il côtoie alors Vigny, Sainte-Beuve, Mérimée et le peintre Delacroix. La jeunesse qu'il mène est assez représentative de sa double personnalité : d'un côté il se rapproche de la société, recherche la culture et l'érudition, de l'autre, il mène une vie de plaisirs et de divertissements, légère et frivole, celle d'un « dandy débauché », aux penchants libertins.

Il s'essaie d'abord au théâtre, et rédige en 1830 une comédie, *La Nuit vénitienne*, qui se traduit sur scène par un échec cuisant. Musset s'éloigne alors du théâtre et décide que tous ses écrits dramatiques seraient désormais destinés uniquement à la lecture, et non plus à la représentation, ce qui ne s'était encore jamais vu. Il publie ainsi ses pièces dans un recueil intitulé *Un spectacle dans un fauteuil*, dont la première publication en 1832 contient entre autres *La Coupe et les Lèvres*, *À quoi rêvent les jeunes filles ?* et un conte, *Namouna*.

En 1833, il fait la rencontre de George Sand, l'amour de sa vie, avec qui il noue une relation passionnée et tumultueuse qui aura une grande influence sur sa vie et sur son œuvre. Les amants partent en Italie la même année, mais Musset tombe sévèrement malade en février 1834 et se fait soigner par le docteur Pietro Pagello. George Sand ne tardera pas à devenir la maîtresse du médecin ce qui entraînera sa rupture avec Musset. Les deux écrivains se retrouvent en octobre pour finalement se séparer définitivement en 1835. S'en suit une correspondance intense entre eux, où Musset témoigne son amour et sa douleur. La période qui suit est alors la plus fructueuse de son œuvre : nourri par sa douleur, il écrit successivement plusieurs de ses chefs-d'œuvre, comme les pièces dramatiques *André del Sarto*, *Les Caprices de Marianne*, *Fantasio*, *On ne badine pas avec l'amour*, et bien sûr *Lorenzaccio*. Entre 1835 et 1836, il publie dans *La Revue des deux mondes*, *Il ne faut jurer de rien* et *Un caprice*, avant de rédiger son roman autobiographique dédié à George Sand : *La Confession d'un enfant du siècle*. Il écrit également ce qui sera son chef-d'œuvre lyrique, représentatif de la poésie romantique : *Les Nuits* (constitué de la « Nuit de mai », la « Nuit d'août », la « Nuit d'octobre » et la « Nuit de décembre »), qui sont empreintes de sentimentalité et de souffrance, et exposent une réflexion profonde sur la création poétique.

Après 1838 son activité littéraire est marquée par un certain déclin : il produit moins, alors qu'il se voit nommé conservateur de la bibliothèque du ministre de l'intérieur, et sombre dans la dépression et l'alcool. Il est cependant reconnu en tant qu'écrivain et apprécié par les dirigeants de la monarchie de juillet. Il est en effet nommé chevalier de la Légion d'honneur en 1845. Il perd son poste de bibliothécaire après la Révolution de 1848, mais entre à l'Académie française en 1852, sous le Second Empire. Alors que ses œuvres sont largement publiées, il renonce à écrire et traverse une quantité de liaisons amoureuses passagères. C'est finalement rongé par l'alcool, la maladie et le désespoir qu'il meurt, en mai 1857. Des personnalités du romantisme assistent à son enterrement, parmi lesquelles Lamartine, Mérimée, Gautier et Vigny.

PRÉSENTATION DE ON NE BADINE PAS AVEC L'AMOUR

On ne badine pas avec l'amour est une pièce en trois actes que le jeune Musset (il a alors 24 ans) publie dans *La Revue des deux mondes* le 1er juillet 1834, présentée comme « Proverbe ». Le Proverbe est alors un genre littéraire mineur auquel on s'adonne dans les salons. Il s'agit d'improviser une intrigue théâtrale construite autour d'un proverbe que l'on doit faire deviner aux spectateurs. *On ne badine pas avec l'amour* est donc l'illustration de son titre. Musset publie sa pièce dans cette revue car il ne destine plus ses écrits dramatiques à la scène après l'échec de sa première pièce, *La Nuit vénitienne*. La pièce est ensuite introduite dans la seconde publication d'*Un spectacle dans un fauteuil*, aux côtés d'autres drames célèbres de l'auteur. La pièce se distingue des œuvres destinées à la scène : Musset prend des libertés dans *On ne badine pas avec l'amour*, et ne respecte pas la règle des unités. La pièce est alors qualifiée « d'injouable » pour l'époque, mais c'est ce qui fait toute son originalité. Elle sera portée à la scène pour la première fois en 1861, sous le Second Empire, quatre ans après la mort de son auteur, et fortement modifiée par la censure. La caractéristique fondamentale de cette œuvre est sans conteste le mélange des genres, alliant la comédie et la tragédie, qui a beaucoup déconcerté les esprits. Les thèmes sont aussi nombreux que moralement problématiques : l'anticléricalisme affiché par Perdican, la bêtise des représentants de l'Église, la dénonciation sociale, *etc.* Musset s'empare également de thèmes chers aux romantiques : l'éloge d'une nature simple et bonne, ainsi qu'une vision de l'amour qui est à la fois un absolu et une fatalité menant à la souffrance. Se confrontent alors amour et orgueil, qui feront dériver les protagonistes vers une pente fatale et tragique, entraînant la mort. Cette pièce est également profondément marquée par la liaison récente et douloureuse de Musset avec George Sand, dont il est une sorte de transfiguration, une sublimation de la souffrance ressentie par l'auteur. Le final de la tirade de Perdican dans la scène 5 de l'acte II est un écho direct à une lettre que lui écrivit Sand : « […] ton bon cœur, ne le tue pas, je t'en prie. Qu'il se mette tout entier ou en partie dans toutes les amours de ta vie, mais qu'il y joue toujours son rôle noble, afin qu'un jour tu puisses regarder en arrière et dire comme moi, j'ai souffert souvent, je me suis trompé quelquefois, mais j'ai aimé. C'est moi qui ai vécu et non pas un être factice créé par mon orgueil et mon ennui. »

RÉSUMÉ DE LA PIÈCE

Acte I

Scène 1

Les personnages de Maître Blazius et Dame Pluche sont présentés. Blazius annonce le retour du jeune Perdican, qui vient d'être reçu docteur, et Pluche le retour de Camille, qui sort du couvent. Chacun fait l'éloge de son protégé.

Scène 2

Le Baron, père de Perdican et oncle de Camille, entre en scène, ainsi que le Père Bridaine. Ce dernier tente de dire au Baron que Maître Blazius sent le vin, et que Pluche est aigrie. Le Baron annonce son intention de marier Camille et Perdican. Les deux jeunes gens entrent dans la pièce et se retrouvent. Perdican est ravi de revoir sa cousine, dont il se souvient en tant qu'enfant. Cette dernière refuse pourtant de l'embrasser et se montre très distante, au grand dam du Baron. Ils se tournent ensuite le dos, Camille s'émerveillant devant le portrait d'une sainte de sa famille, et Perdican admirant une fleur.

Scène 3

Le chœur annonce l'antipathie que se portent mutuellement Blazius et Bridaine, tous deux ridicules. Le Baron déplore la mésentente de Camille et Perdican. Ce dernier tente d'engager la conversation avec sa cousine, lui rappelant les joies de leur enfance et lui proposant une promenade en bateau, mais Camille refuse et déclare que les jeux ne l'intéressent plus. Dame Pluche défend l'attitude de Camille auprès du Baron, qui s'emporte.

Scène 4

Perdican rencontre le chœur et se montre enthousiaste de retrouver les terres de son enfance, il admire la simplicité et la beauté de la nature. Il rencontre Rosette, la jeune sœur de lait de Camille, la salue chaleureusement et l'invite au château.

Scène 5

Le Baron et Blazius ont une discussion. Ce dernier tente à son tour de décrédibiliser Bridaine, tandis que le Baron remarque en aparté que son interlocuteur sent le vin. Bridaine entre et annonce au Baron que son fils s'amuse avec les gens du peuple, et qu'il l'a vu avec une paysanne. Le Baron est outré.

Acte II

Scène 1

Blazius annonce à Perdican que son père veut le marier avec Camille, puis Camille entre. Elle annonce à Perdican qu'elle ne souhaite pas se marier car elle veut se faire religieuse. Perdican ne s'offusque pas de ce refus, mais lui demande qu'ils restent amis au nom de leur enfance. Camille affirme qu'elle doit partir. Le jeune homme le déplore mais n'insiste pas. Camille confie ensuite à Dame Pluche un billet à l'attention de Perdican, qu'elle devra lui remettre avant son départ.

Scène 2

Maître Bridaine laisse aller sa colère en constatant que le Baron favorise Blazius.

Scène 3

Perdican passe du temps avec Rosette, dont il apprécie le charme et la simplicité. Bien qu'elle ne connaisse pas les usages, elle lui demande s'il est très raisonnable qu'il l'embrasse comme il le fait. Mais Perdican souhaite ne se soucier que du présent, et oublier la tristesse que Camille lui a causée en tirant un trait sur l'amitié de leur enfance.

Scène 4

Blazius tente tant bien que mal de se faire comprendre du Baron, à qui il conte une étrange scène dont il a été témoin : Camille s'emportant contre Dame Pluche qui ne parvenait pas à trouver Perdican pour lui remettre un billet, car il courait les paysannes. Mais Blazius et le Baron sont persuadés que le jeune homme en question n'est pas Perdican, et que Camille entretient une correspondance avec un jeune gardeur de dindons, ce dont ils s'indignent.

Scène 5

La scène centrale de la pièce est un long dialogue entre Camille et Perdican. Ce dernier a reçu le billet de Camille et les deux cousins se retrouvent. La jeune fille commence par le questionner sur son expérience de l'amour et sur ce qu'il pense de sa décision de prendre le voile. Perdican affirme avoir aimé sincèrement de nombreuses femmes, et exprime clairement son avis sur la décision de Camille, qu'il désapprouve. La jeune femme lui confie sa vision de l'amour : elle rêve d'un amour éternel et constant, et bien qu'elle avoue avoir aimé Perdican dans sa jeunesse et l'estimer toujours, il apparaît que leur vision respective de l'amour soit incompatible.

La fin du dialogue se transforme en joute verbale où chacun expose avec rhétorique ses arguments : Camille admire les religieuses qu'elle a connues et qui ont fui les souffrances de l'amour, elle se montre fière et orgueilleuse, et clame que son amour pour Dieu est le plus pur et le plus grand. Elle méprise l'inconstance de Perdican. Ce dernier lui affirme que les religieuses qu'elle admire ne sont que des hypocrites ; elles sont des femmes comme les autres qui ne rêvent que de retrouver les bras de leurs amants. Selon lui, Camille gâchera elle aussi sa vie pour un mensonge. Quant à lui, il ne trouve rien de plus beau que l'union de deux êtres humains et imparfaits, au-delà de toute vaine recherche de perfection.

Acte III

Scène 1

Le Baron blâme Blazius de lui avoir menti sur la soi-disant correspondance secrète de sa nièce. Perdican confie tout haut ses hésitations quant à Camille : il l'aime, et pourtant sa fierté et sa dureté ne lui conviennent pas. Il reste troublé.

Scène 2

Blazius et Bridaine se plaignent chacun de leur disgrâce auprès du Baron. Blazius tente d'arracher une lettre de Camille des mains de Dame Pluche, pensant qu'il s'agit toujours de cette fameuse correspondance secrète. Perdican entre et prend la lettre. Il la lit à part : il s'agit d'une lettre de Camille à une des religieuses, dans laquelle elle affirme qu'elle s'est refusée à Perdican et que ce dernier est au comble du désespoir. Piqué dans sa fierté, Perdican affirme que c'est faux et qu'il prouvera à Camille qu'il en aime une autre. Il écrit alors à Camille et projette secrètement de séduire Rosette devant elle.

Scène 3

Camille vient au rendez-vous et se cache pour espionner Perdican et Rosette. Perdican, sûr d'être entendu de Camille, déclare son amour à Rosette.

Scène 4

Camille annonce à Dame Pluche qu'elle ne partira pas tout de suite.

Scène 5

Bridaine informe le Baron que Perdican fait la cour à une paysanne.

Scène 6

Camille fait venir Rosette et lui affirme que Perdican ne l'épousera pas. Rosette quant à elle pense qu'il est sincère. Camille lui dit qu'elle le lui prouvera et lui demande de se cacher derrière le rideau. Elle fait alors venir Perdican et lui fait avouer qu'il l'aime. Rosette s'évanouit. Camille montre à Perdican la cruauté du mensonge que lui a inspiré son orgueil. Les deux jeunes gens décident de réveiller Rosette, mais Perdican refuse d'avouer qu'il mentait en affirmant aimer Rosette.

Scène 7

Le Baron est décidé à annuler le mariage de Perdican et Rosette. Perdican persiste pourtant à vouloir l'épouser, et Camille tente de lui faire entendre qu'il le fait par dépit et qu'il se lassera d'elle. Ils rencontrent Rosette qui demande à Perdican d'annuler le mariage, car tout le monde se moque d'elle au village en disant qu'il ne l'aime pas. Perdican insiste et part avec Rosette. En les voyant partir ensemble, Camille est confondue et remet en question les sentiments qu'elle éprouve pour Perdican.

Scène 8

Camille confie son trouble à Dieu en affirmant son amour pour Perdican. Ce dernier entre et l'entend, il s'adresse alors à l'orgueil stupide qui les a séparé alors qu'ils s'aimaient. Ils tombent dans les bras l'un de l'autre. Rosette, qui les observait cachée, pousse un cri. Perdican craint le pire, il prie Dieu d'épargner Rosette, et de lui donner une chance de réparer ses erreurs. Mais Camille accourt et annonce qu'elle est morte avant de prononcer cette sentence : « Adieu Perdican. »

LES RAISONS
DU SUCCÈS

Musset utilise la forme du Proverbe et donne une véritable ampleur à ce genre mondain. Les principaux exemples de ce genre théâtral dans l'Histoire littéraire sont en effet illustrés par l'auteur, à travers de nombreuses pièces publiées dans *Un spectacle dans un fauteuil* : *Il ne faut jurer de rien* (1836), *Il faut qu'une porte soit ouverte ou fermée* (1845) ou *On ne saurait penser à tout* (1849). Le caractère plaisant du Proverbe lui assure le succès dans le milieu aristocratique.

Mais le succès de son théâtre écrit s'inscrit surtout dans l'Histoire de la littérature romantique. En 1834, date de publication de l'œuvre, le romantisme est installé en France, et nourri par de nombreux auteurs. Madame de Staël a défini le terme de romantisme au début du siècle, dans son ouvrage *De la littérature considérée dans ses rapports avec les institutions sociales* paru en 1800. Les œuvres de Chateaubriand se sont également imposées à la même période comme modèle pour tous les auteurs romantiques, notamment *Atala* et *René*, dont la mélancolie et l'épanouissement du sentiment personnel seront repris par les auteurs comme éléments essentiels de leur inspiration poétique. La deuxième génération romantique est composée d'auteurs qui jouissent déjà d'un succès certain quand Musset rédige ses œuvres les plus célèbres : Lamartine s'est imposé dans le genre poétique avec le lyrisme des *Méditations poétiques* publiées en 1820, Victor Hugo a déjà conçu quatre romans, amorce d'un franc succès populaire, dont *Notre-Dame de Paris* en 1832, et cinq recueils poétiques. Mais la pièce de Musset s'inscrit dans un genre précis du mouvement romantique, celui du drame romantique. Stendhal fut le premier à définir les éléments constitutifs du théâtre romantique dans *Racine et Shakespeare* en 1824. Il défend dans cet ouvrage le théâtre de Shakespeare face à la tradition classique incarnée par Racine, et présente le génie de l'auteur anglais comme supérieur à ce dernier. Il appelle également les dramaturges à abandonner la forme versifiée au profit de la prose. Le théâtre connaît un souffle nouveau, que redynamise Victor Hugo dans la préface de *Cromwell* en 1827. Ce texte est l'occasion pour Hugo de définir le terme de drame romantique et de fonder véritablement le genre. Comme Stendhal, il se réfère à la lumière du génie de Shakespeare, qui maniait le mélange des genres avec virtuosité dans ses pièces. Il revendique en même temps une liberté totale de l'intrigue, affranchie des règles strictes du théâtre classique qui prônait l'unité de temps, d'action et de lieu dans chaque œuvre. Cette revendication de liberté va jusqu'à rendre les pièces injouables : *Cromwell* d'Hugo ne présente pas moins de soixante personnages. Musset se situe dans cette tradition : en ne destinant pas ses pièces à la représentation, il leur donne une liberté totale. En 1830, *Hernani* de Victor Hugo consacre le genre du drame romantique.

Dans ses thèmes, *On ne badine pas avec l'amour* est aussi une œuvre représentative de l'esprit de son époque : le romantisme naît peu après la Révolution, il est empreint d'un profond pessimisme et est convaincu que la société et les mœurs se dégradent. Napoléon a exalté les premières passions romantiques, faisant croire à un rêve de gloire et de puissance, et encensant l'individualisme. Mais la déception de la monarchie de juillet installée depuis 1830, ainsi que le caractère strict et passéiste des institutions depuis 1815, imprègnent les œuvres littéraires de l'époque. On retrouve ainsi, dans *On ne badine pas avec l'amour*, la critique d'une société qui apparaît comme dégradée, obscurantiste et freinant le progrès positif, à travers les personnages des « fantoches ». Un autre thème cher aux auteurs romantiques est l'éloge de l'amour comme absolu, que clament à la fois Camille et Perdican malgré leurs divergences d'opinions.

On comprendra donc que l'adhérence de Musset à la pensée de son époque lui apporte le soutien et le succès auprès des romantiques, ainsi que l'admiration de la jeune génération nourrie de cette idéologie. Elle attise naturellement la désapprobation des « aînés » et des institutions conservatrices ou classiques, qui censureront la pièce lors de sa représentation en 1861 pour sa trop grande liberté de ton.

LES THÈMES
PRINCIPAUX

On ne badine pas avec l'amour met en scène une « tragédie de l'amour ». En effet, malgré la tonalité comique qui ouvre la pièce (la scène 1 de l'acte I présente les personnages ridicules et grotesques de Maître Blazius et Dame Pluche), il s'agit bien d'une tragédie : elle se clôt sur la mort de Rosette et la séparation définitive des deux amants, symbolisée par la dernière injonction de Camille : « Adieu, Perdican. » Pour les personnages, l'amour est à la fois clamé comme un absolu et présenté comme impossible et soumis à la fatalité. La scène décisive de la pièce (la dernière scène de l'acte II) est celle autour de laquelle gravite toute l'intrigue.

Les paroles des deux protagonistes révèlent la profondeur de la pièce et le message de Musset, récemment marqué par son histoire malheureuse avec George Sand, qui fait de l'amour cet idéal absolu, seul à pouvoir apporter le véritable salut. Lorsque Perdican clame : « Tous les hommes sont menteurs, inconstants, faux, bavards, hypocrites, orgueilleux et lâches, méprisables et sensuels ; toutes les femmes sont perfides, artificieuses, vaniteuses, curieuses et dépravées ; le monde n'est qu'un égout sans fond où les phoques les plus informes rampent et se tordent sur des montagnes de fanges, mais il y a au monde une chose sainte et sublime, c'est l'union de ces deux êtres si imparfaits et si affreux », il reconnaît le caractère corrompu des hommes et semble particulièrement désabusé par la nature du monde, mais dresse l'amour comme remède à la laideur universelle. Face à la foi religieuse de Camille, dure et austère, Perdican prône la religion de l'amour. Cette chose « sainte et sublime » est, à travers les termes mêmes, un sentiment sacré et rédempteur qui devrait faire rougir de honte les religieux hypocrites qui n'ont de saint que le nom. Nul doute que cette affirmation soit celle de Musset lui-même, que l'on retrouve dans la bouche de Perdican. Ce personnage est bâti sur les oppositions du caractère même de Musset et de la jeunesse romantique : instruit et érudit, admirateur de la nature et des plaisirs simples, Perdican est aussi un amoureux sincère mais aux mœurs légères.

De son côté, Camille conçoit également le sentiment amoureux comme un absolu, et c'est bien sa peur de l'inconstance des hommes et de la déception qui la pousse à vouloir prendre le voile : « Je veux aimer, mais je ne veux pas souffrir ; je veux aimer d'un amour éternel, et faire des serments qui ne se violent pas. Voilà mon amant. (*Elle montre son crucifix.*) » C'est encore au nom de son désir d'absolu qu'elle reproche à Perdican sa frivolité : « Vous avez pleuré des larmes de joie et des larmes de désespoir, mais vous saviez que l'eau des sources est plus constante que vos larmes [...]. Est-ce donc une monnaie que votre amour, pour qu'il puisse passer ainsi de mains en mains jusqu'à la mort ? Non, ce n'est pas même une monnaie, car la plus mince pièce d'or vaut mieux que vous, et, dans quelque main qu'elle passe, elle garde son effigie. » Les deux personnages possèdent une foi dans l'amour qui est incompatible avec le monde : Camille ne peut trouver l'amour éternel que dans l'intemporalité de l'amour divin, et Perdican trouve dans l'amour la seule consolation au milieu d'un monde corrompu qui a perdu ses valeurs. Cette scène phare est marquée par un ton unique, solennel et oratoire, que l'on peut qualifier de rhétorique ; il vient donner de la profondeur à une intrigue qui était jusque là légère et dominée par la tonalité comique. Il s'agit d'une réflexion sérieuse sur l'amour, Musset déploie ses talents pour livrer un duel oratoire maîtrisé, particulièrement efficace et réussi.

Chaque personnage prend tour à tour la parole dans des tirades de plus en plus longues, et le ton qui au début était celui de la conversation devient peu à peu celui de la colère maîtrisée. Chacun mêle dans son discours ce qui fait l'essence de la rhétorique : le ton de référence, celui qui permet au lecteur de comprendre les motivations du personnage et d'éprouver une certaine proximité avec lui (l'*ethos*), l'argumentation logique qui doit convaincre la raison (le *logos*), et enfin l'émotion, la passion (le *pathos*) qui doit émouvoir le lecteur et lui faire éprouver le sentiment du beau. Dans la dernière scène de la pièce, à l'Acte III, les personnages finissent par s'accorder – Camille s'écarte de sa vision de l'amour divin et Perdican renonce à sa vie de débauche – et s'unissent pendant un court instant avant l'apparition du tragique. Leur réunion finale est un triomphe de l'amour sur l'orgueil dont les personnages ont fait preuve durant toute la pièce (la manipulation de Rosette par Perdican, la vanité et le mensonge de Camille, qui voulait voir souffrir le jeune homme par son refus et sa froideur.)

Cependant, la pièce ne se conclut pas par cette union finale, qui signifierait que l'amour des personnages s'est montré plus fort que leur vanité. La fatalité qui achève l'intrigue par la mort de Rosette condamne l'inconscience des personnages d'avoir joué avec les sentiments, et donne tout son sens au titre de la pièce. Car le Proverbe a un but moral et vise à enseigner. Si on ne badine pas avec l'amour, c'est qu'il est un sentiment supérieur, noble, presque sacré, et avec lequel il n'est pas permis de jouer. La mort de Rosette en est un exemple saisissant et symbolique, car elle est tuée sur le coup ; « (*On entend un grand cri derrière l'autel.*) » suivi de la constatation funeste : « Elle est morte. » Cette mort subite n'a pas la prétention du réalisme, elle est hautement significative : l'amour peut tuer, il s'agit donc de ne pas le prendre à la légère.

ÉTUDE DU MOUVEMENT LITTÉRAIRE

Le romantisme débute en France en 1820, date de publication des *Méditations poétiques* de Lamartine. Cependant, la sensibilité romantique naît avec ceux que l'on appelle les précurseurs (« préromantiques ») : Rousseau (*La Nouvelle Héloïse*, *Les Rêveries du promeneur solitaire*) pour la fin du XVIIIe siècle, Chateaubriand et Mme de Staël pour le début du XIXe. La sensibilité romantique prend le contrepoint de la littérature classique, et revendique une plus grande attention portée sur le « moi », les sentiments personnels et l'individualité du sujet poétique. La période classique en littérature correspondait au triomphe de la raison et au respect de règles strictes (notamment la règle des trois unités au théâtre ou la bienséance). Au XVIIIe siècle, des dramaturges comme Diderot et Beaumarchais s'éloignaient déjà des contraintes du classicisme en créant le genre du « drame bourgeois », qui revendiquait une plus grande liberté, s'écartant de la vraisemblance et contestant déjà la règle des unités. Mais les romantiques vont encore plus loin dans leur conception du théâtre, car le drame bourgeois ne pratiquait pas ouvertement le mélange des genres, et les personnages présentés incarnaient non pas des individus mais l'ensemble d'un groupe social. Les romantiques privilégient au contraire la particularité du sujet. Toute la production littéraire romantique est d'ailleurs l'expression d'un sentiment nouveau ; celui de la solitude.

Le « mal du siècle » qui est celui de l'époque romantique correspond à un sentiment d'isolement face au monde. La période classique, sous la monarchie, prônait l'harmonie d'un tout, d'un monde où chacun avait sa place et où le poète était un instrument de l'ordre et de l'équilibre. L'Antiquité était un modèle que l'on appliquait et que l'on adaptait aux exigences du siècle. La solitude romantique est quant à elle intimement liée aux bouleversements de son époque : la Révolution est vécue comme un chaos, et les changements politiques qui s'installent laissent dans les esprits un sentiment de doute et d'incertitude. L'empire Napoléonien a d'abord excité les passions et les espoirs d'une unification nouvelle. Puis les hésitations des gouvernements entre une république incertaine et les restes d'une monarchie dépassée, donnent l'impression que le monde se dégrade et a perdu son éclat d'antan. C'est aussi la période où le poète commence à s'interroger sur la poésie, et sur sa fonction de poète. Pourquoi écrire ? La question ne se posait pas comme telle aux siècles précédents. Les poètes étaient en quelque sorte au service de l'État, du royaume. La poésie n'était pas celle de la contestation. Avec les romantiques elle devient un questionnement : le poète en tant que sujet poétique est revendiqué, le moi de l'auteur se confond avec la voix du poète. L'inspiration poétique part désormais directement de l'intériorité de l'individu : il s'agit de son rapport personnel avec le monde, et ce rapport est souvent celui de la désillusion. En effet, la jeune génération se sent privée d'avenir dans une société gouvernée par le pouvoir de l'argent et la montée progressive de la bourgeoisie, qui n'encourage pas l'inspiration créatrice. D'où la mélancolie profonde de la tonalité romantique qui cherche du réconfort au sein de la nature, et des nouvelles valeurs dans l'amour. Cette mélancolie est due à la fois à une crise d'identité et à l'ennui profond ressenti le plus souvent dans les milieux les plus riches, dont la jeunesse désabusée se lance dans les excès du libertinage. La critique de la société devient inhérente aux œuvres du temps, en particulier la critique de la religion, qui se durcit pour tenter de sauvegarder les restes d'un régime en déclin.

Le XIXe est un siècle de transition politique et d'instabilité, où l'écrivain romantique prend toujours une position critique, qu'elle soit passéiste ou révolutionnaire. Les premiers romantiques comme Chateaubriand étaient nobles, catholiques et regrettaient le monde disparu avec la Révolution. Ils se dressaient ainsi contre la médiocrité moderne. Quant à la génération suivante, celle d'Hugo et des romanciers comme Balzac et Stendhal, elle se tourne vers l'avenir et vers une esthétique nouvelle.

L'écrivain romantique est sans cesse tiraillé entre deux contradictions : l'attirance vers la déchéance, la dépravation, voire la folie, et la poursuite incessante d'un idéal de beauté et d'infini. Ce désenchantement perpétuel est exprimé par un lyrisme exacerbé, qui évoque souvent la nostalgie d'une époque disparue, et fait la description d'une nature qui s'accorde parfaitement avec l'émotion de l'individu : l'orage ou la mer déchaînée devient la métaphore de la passion qui ravage le poète. Afin d'échapper au mal qui les ronge et à l'ennui de leur prison, les romantiques chantent souvent les voyages, les paradis lointains, voire les époques reculées : le roman historique connaît un franc succès, peignant souvent le Moyen-âge (Victor Hugo) ou la Renaissance italienne (Musset et Stendhal) comme un âge d'or. Le rêve est également le domaine de prédilection de l'évasion.

Mais le romantisme s'essouffle au milieu du siècle : l'échec de la pièce *Les Burgraves* d'Hugo marque un tournant décisif en 1843 : l'opinion publique retourne vers la tradition classique, lassée de l'épanchement romantique, et d'autres mouvements plus attractifs car moins torturés, prennent la relève, comme le Parnasse. Le romantisme disparaît en tant que tel mais demeure une influence essentielle pour la génération de la fin du siècle (Rimbaud, Baudelaire) et même pour les poètes du début du XXe siècle (Lautréamont, Breton). Ce qu'on a reproché au romantisme et qui a causé son extinction, c'est la tendance qu'avaient les poètes à l'épanchement, au mélodrame et à l'excès de sensibilité, qui finit par ennuyer le lecteur, voire à frôler le ridicule. Mais le fondement du romantisme survit encore de nos jours, car ses thèmes sont essentiels et correspondent à un changement profond dans l'histoire des mentalités.

L'importance de la sensibilité est conservée chez les poètes, ainsi que le pouvoir de l'imagination, l'attirance pour l'ailleurs, et la recherche de la beauté dans des objets insoupçonnés. L'esprit romantique survit chez les poètes, mais s'accompagne d'un désir de perfection du style qui vient aiguiller et limiter les excès de la sensibilité, et évite la complaisance dans le sentiment.

DANS LA MÊME COLLECTION
(par ordre alphabétique)

- **Anonyme**, *La Farce de Maître Pathelin*
- **Anouilh**, *Antigone*
- **Aragon**, *Aurélien*
- **Aragon**, *Le Paysan de Paris*
- **Austen**, *Raison et Sentiments*
- **Balzac**, *Illusions perdues*
- **Balzac**, *La Femme de trente ans*
- **Balzac**, *Le Colonel Chabert*
- **Balzac**, *Le Lys dans la vallée*
- **Balzac**, *Le Père Goriot*
- **Barbey d'Aurevilly**, *L'Ensorcelée*
- **Barbey d'Aurevilly**, *Les Diaboliques*
- **Bataille**, *Ma mère*
- **Baudelaire**, *Les Fleurs du Mal*
- **Baudelaire**, *Petits poèmes en prose*
- **Beaumarchais**, *Le Barbier de Séville*
- **Beaumarchais**, *Le Mariage de Figaro*
- **Beauvoir**, *Mémoires d'une jeune fille rangée*
- **Beckett**, *Fin de partie*
- **Brecht**, *La Noce*
- **Brecht**, *La Résistible ascension d'Arturo Ui*
- **Brecht**, *Mère Courage et ses enfants*
- **Breton**, *Nadja*
- **Brontë**, *Jane Eyre*
- **Camus**, *L'Étranger*
- **Carroll**, *Alice au pays des merveilles*
- **Céline**, *Mort à crédit*
- **Céline**, *Voyage au bout de la nuit*

- **Chateaubriand**, *Atala*
- **Chateaubriand**, *René*
- **Chrétien de Troyes**, *Perceval*
- **Cocteau**, *Les Enfants terribles*
- **Colette**, *Le Blé en herbe*
- **Corneille**, *Le Cid*
- **Crébillon fils**, *Les Égarements du cœur et de l'esprit*
- **Defoe**, *Robinson Crusoé*
- **Dickens**, *Oliver Twist*
- **Du Bellay**, *Les Regrets*
- **Dumas**, *Henri III et sa cour*
- **Duras**, *L'Amant*
- **Duras**, *La Pluie d'été*
- **Duras**, *Un barrage contre le Pacifique*
- **Flaubert**, *Bouvard et Pécuchet*
- **Flaubert**, *L'Éducation sentimentale*
- **Flaubert**, *Madame Bovary*
- **Flaubert**, *Salammbô*
- **Gary**, *La Vie devant soi*
- **Giraudoux**, *Électre*
- **Giraudoux**, *La Guerre de Troie n'aura pas lieu*
- **Gogol**, *Le Mariage*
- **Homère**, *L'Odyssée*
- **Hugo**, *Hernani*
- **Hugo**, *Les Misérables*
- **Hugo**, *Notre-Dame de Paris*
- **Huxley**, *Le Meilleur des mondes*
- **Jaccottet**, *À la lumière d'hiver*
- **James**, *Une vie à Londres*
- **Jarry**, *Ubu roi*
- **Kafka**, *La Métamorphose*
- **Kerouac**, *Sur la route*
- **Kessel**, *Le Lion*

- **La Fayette**, *La Princesse de Clèves*
- **Le Clézio**, *Mondo et autres histoires*
- **Levi**, *Si c'est un homme*
- **London**, *Croc-Blanc*
- **London**, *L'Appel de la forêt*
- **Maupassant**, *Boule de suif*
- **Maupassant**, *Le Horla*
- **Maupassant**, *Une vie*
- **Molière**, *Amphitryon*
- **Molière**, *Dom Juan*
- **Molière**, *L'Avare*
- **Molière**, *Le Malade imaginaire*
- **Molière**, *Le Tartuffe*
- **Molière**, *Les Fourberies de Scapin*
- **Musset**, *Les Caprices de Marianne*
- **Musset**, *Lorenzaccio*
- **Perec**, *La Disparition*
- **Perec**, *Les Choses*
- **Perrault**, *Contes*
- **Prévert**, *Paroles*
- **Prévost**, *Manon Lescaut*
- **Proust**, *À l'ombre des jeunes filles en fleurs*
- **Proust**, *Albertine disparue*
- **Proust**, *Du côté de chez Swann*
- **Proust**, *Le Côté de Guermantes*
- **Proust**, *Le Temps retrouvé*
- **Proust**, *Sodome et Gomorrhe*
- **Proust**, *Un amour de Swann*
- **Queneau**, *Exercices de style*
- **Quignard**, *Tous les matins du monde*
- **Rabelais**, *Gargantua*
- **Rabelais**, *Pantagruel*
- **Racine**, *Andromaque*

- **Racine**, *Bérénice*
- **Racine**, *Britannicus*
- **Racine**, *Phèdre*
- **Renard**, *Poil de carotte*
- **Rimbaud**, *Une saison en enfer*
- **Sagan**, *Bonjour tristesse*
- **Saint-Exupéry**, *Le Petit Prince*
- **Sarraute**, *Enfance*
- **Sarraute**, *Tropismes*
- **Sartre**, *Huis clos*
- **Sartre**, *La Nausée*
- **Senghor**, *La Belle histoire de Leuk-le-lièvre*
- **Shakespeare**, *Roméo et Juliette*
- **Steinbeck**, *Les Raisins de la colère*
- **Stendhal**, *La Chartreuse de Parme*
- **Stendhal**, *Le Rouge et le Noir*
- **Verlaine**, *Romances sans paroles*
- **Verne**, *Une ville flottante*
- **Verne**, *Voyage au centre de la Terre*
- **Vian**, *J'irai cracher sur vos tombes*
- **Vian**, *L'Arrache-cœur*
- **Vian**, *L'Écume des jours*
- **Voltaire**, *Candide*
- **Voltaire**, *Micromégas*
- **Zola**, *Au Bonheur des Dames*
- **Zola**, *Germinal*
- **Zola**, *L'Argent*
- **Zola**, *L'Assommoir*
- **Zola**, *La Bête humaine*
- **Zola**, *Nana*
- **Zola**, *Pot-Bouille*